# Fit für...
# Rechtschreibung
## Mein Übungsheft

## 2. Klasse

**Text:** Sonja Reichert
**Illustration:** Guido Wandrey

TESSLOFF

# Vorwort

Hier übst du,
Wörter und Sätze richtig zu schreiben. Egal, ob groß oder klein, d oder t, Punkt oder Fragezeichen – meine Ameisenfreunde und ich zeigen dir, worauf es ankommt, und helfen dir beim Lösen der Aufgaben.

**So funktioniert's**
Am besten, du nimmst dir jeden Tag ein paar Minuten Zeit zum Üben. In der Heftmitte findest du die lustigen Ameisensticker. Für jede gelöste Doppelseite schnappst du dir einen, der dir gefällt, und klebst ihn auf das Ausmalbild. Sind alle Felder voll, bist du fit in der Rechtschreibung!

**Hast du alles richtig?**
Das Lösungsheft in der Mitte hilft dir bei der Selbstkontrolle. Du kannst es auch herausnehmen.

Ich wünsche dir viel Ameisen-Power beim Üben!

# Inhaltsverzeichnis

# Reimwörter finden

**1** Welche Wörter reimen sich? Finde das passende Bild und schreibe das Reimwort auf.

Tuch ____________________

Zopf ____________________

Schuh ____________________

Kuss ____________________

Wand ____________________

**2** Finde die Reimwörter und schreibe sie auf.

| | |
|---|---|
| singen – ringen | essen – m |
| trinken – w | fallen – Kn |
| loben – t | gehen – st |

# Lautgetreue Wörter schreiben

Hut

Lautgetreue Wörter heißen auch Mitsprechwörter. Du schreibst sie genauso, wie du sie sprichst.

Hut, H U T ... Ich sehe 3 Buchstaben und ich spreche 3 Laute, wenn ich das Wort lese.

**1** Schreibe die lautgetreuen Wörter mit Artikel auf.

 der

# Lautgetreue Wörter schreiben

**2** Ergänze den Lückentext. Denke beim Schreiben der Wörter an jeden Buchstaben.

Ein  __________ und eine  __________

fahren mit dem  __________ an den Strand.

Beim Baden treffen sie ihren Freund,

den  __________. Der  __________

würde so gerne das  __________ sehen,

in dem seine beiden Freunde leben.

Da haben die drei eine verrückte Idee.

Am nächsten Tag kommen die  __________

und das  __________ mit einem  __________

angefahren. Den haben sie mit Wasser gefüllt.

Die  __________ sitzt auf dem Dach und

das  __________ schaut aus dem Fenster heraus.

So kann der  __________ einsteigen und

gemeinsam fahren sie los, um dem  __________

ihr  __________ zu zeigen.

# Zahlwörter

**1** Schreibe die passenden Zahlwörter unter die Würfel.

zehn

# Zahlwörter

**2** Schreibe die dazugehörige Zahl.

| | | | |
|---|---|---|---|
| elf | 11 | fünfzehn | ______ |
| vierzehn | ______ | zwanzig | ______ |
| achtzehn | ______ | neunzehn | ______ |
| sechzehn | ______ | dreizehn | ______ |
| zwölf | ______ | siebzehn | ______ |

**3** Schreibe das dazugehörige Zahlwort.

20 ______

12 ______

18 ______

11 ______

15 ______

# Silben erkennen

**1** Wie viele Silben haben die Wörter? Male sie in der richtigen Farbe an.

Sand

Boot

Meer

Gewitter

Sonne

Liegestuhl

Federball

Ball

Muschel

Kind

Schwimmreifen

Meerjungfrau

Palme

Schaufel

Eimer

# Silben erkennen

**2** Ergänze die Silbenbögen.

Rucksack

Malkasten

Brief

Schaukel

Papagei

Zahn

Ampel

Brille

Heft

Fledermaus

# Wörter mit Qu/qu

**1** Ergänze die fehlenden Buchstaben. Achte auf die Groß- und Kleinschreibung.

_____ alle

_____ er

_____ elle

_____ alm

_____ artett

_____ ietschen

_____ etschen

_____ aken

_____ ark

_____ atsch

_____ iz

_____ adrat

_____ ieken

# Wörter mit Qu/qu

**2** Erkennst du die Wörter? Trenne sie mit Strichen ab und schreibe sie in die passende Lücke. Achte auf die Groß- und Kleinschreibung.

QUELLEQUALMBEQUEMQUAKENQUARKKAULQUAPPEN

Die Frösche sitzen am See und ____________

die ganze Nacht.

Bevor sie zu einem Frosch werden, leben sie unter

Wasser als __________________ .

Der Angler am See macht es sich in einem

Campingstuhl __________ .

Opas Lieblingsessen sind Kartoffeln mit __________ .

Aus einer __________ fließt Wasser in einen kleinen

Bach.

Vom Lagerfeuer steigt dunkler __________ auf.

# Wörter mit V/v

Das V/v kann verschieden ausgesprochen werden.

**1** Findest du die zehn Wörter mit **V/v**? Kreise sie ein.

| | | | | | | | | | | |
|---|---|---|---|---|---|---|---|---|---|---|
| V | S | Q | V | U | L | K | A | N | H | V |
| I | W | A | V | A | T | E | R | M | U | I |
| E | V | A | M | P | I | R | V | I | E | L |
| R | V | O | L | L | V | O | G | E | L | L |
| V | E | N | T | I | L | V | E | R | B | A |

**2** Ordne die Wörter aus Aufgabe 1 zu. Klingen sie am Anfang wie (w) oder wie (f)? Achte auf die Groß- und Kleinschreibung.

| (w)  | (f)  |
|---|---|
| | |
| | |
| | |
| | |
| | |

# Wörter mit Pf/pf

**1** Schreibe die Wörter aus dem Rätselgitter neben das passende Bild. Achte auf die Groß- und Kleinschreibung.

| | | | | | | | | | | | | |
|---|---|---|---|---|---|---|---|---|---|---|---|---|
| | | | K | N | O | P | F | | | | | |
| | | | | | | F | | | | | | |
| | | | | | H | Ü | P | F | E | N | | |
| T | O | P | F | | | T | | | | | | |
| | | F | | | | Z | | | | | | |
| | S | E | E | P | F | E | R | D | C | H | E | N |
| | | I | | F | | | | | | | | |
| | | L | | A | P | F | E | L | | | | |
| | | | | N | | | | | | | | |
| | | | | N | | | | | | | | |
| | | | | E | | | | | | | | |

# Wörter mit Sp/sp

**1** Lies die Wörter und schreibe sie auf.
Aufgepasst: Du hörst (schp) und schreibst **Sp/sp**.
Achte auf die Groß- und Kleinschreibung.

Spirale

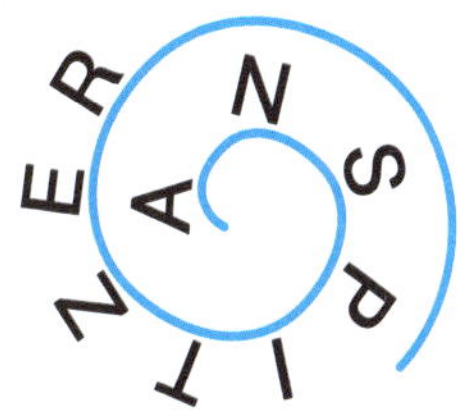

# Wörter mit St/st

**1** In welchem Wort befindet sich ein **St/st**?
Achtung: Du hörst (scht). Kreise das Bild ein
und schreibe das Wort auf.

Stuhl

# Wörter mit ch und ng

**1** In welchen Wörtern hörst du **ng**? Kreise die Bilder ein.

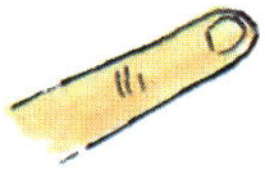

**2** Welche Wörter enden mit **ch**? Kreise die Bilder ein.
Achtung: Vier bleiben übrig!

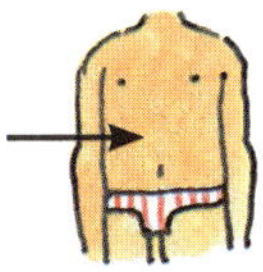

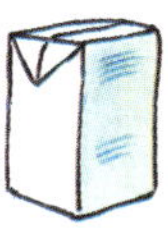
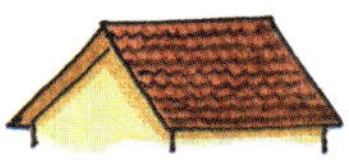

# Wörter mit ch und ng

**3** Ergänze die fehlenden Buchstaben: **ch** oder **ng**.

su_____en

bri_____en

Bu_____

ma_____en

ju_____

Dra_____en

si_____en

Na_____t

Ju_____e

la_____

Lo_____

Za_____e

**4** Schreibe zu jedem Bild einen Satz.

# Wörter mit d/t

**1** Ergänze: **d** oder **t**? Schreibe die Wörter in der Mehrzahl auf, dann kannst du die Endungen hören.

 ein Hu t  zwei Hüte

 ein Boo___ 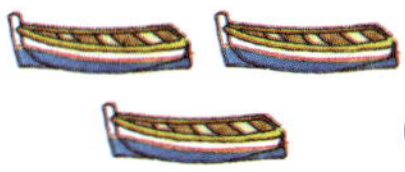 drei ___

 ein Kin___  zwei ___

 eine Han___ 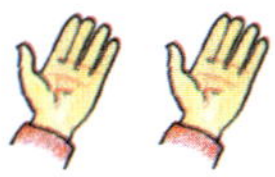 zwei ___

 ein Hun___  drei ___

 ein Klei___  zwei ___

 ein Hef___  drei ___

# Wörter mit g/k

Puh, jetzt erst mal eine Pause.

**1** **g** oder **k**? Verlängere zuerst die Wörter.

 die Bän ke  die Ban k

 die Köni___  der Köni___

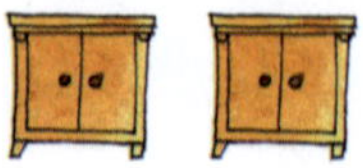 die Schrän___  der Schran___

 die Flugzeu___  das Flugzeu___

 die Zü___  der Zu___

 die Geschen___  das Geschen___

 die Ber___  der Ber___

# Umlaute und Doppellaute

**1** Lies den Text. Kreise zuerst alle Umlaute und dann alle Doppellaute im Text ein.

Der Bauer Müller geht heute schon früh in die Scheune. Dort holt er eine Säge und ein Beil, denn er möchte zwei Bäume fällen. Aus dem Holz will er fünf Stühle bauen. Etwas traurig erreicht er mit dem Werkzeug die Bäume. Dort sieht er, dass seine Hängematte noch zwischen den Bäumen hängt. Da beschließt er, sie stehen zu lassen. Er bereitet lieber ein Picknick vor, denn dafür benötigt man ja keine Stühle. Die Bäuerin freut sich sehr und lacht über seine Idee.

# Umlaute und Doppellaute

**2** Ergänze die fehlenden Umlaute.

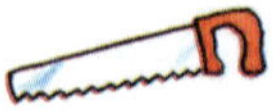 die S ä ge

 der Kleiderb ___ gel

 der F ___ hn

 der Schl ___ ssel

 der B ___ r

 die T ___ rme

 die B ___ cher

 der L ___ we

**3** Ergänze die fehlenden Doppellaute: **Au/au**, **Ei/ei** oder **Eu/eu**. Achte auf die Groß- und Kleinschreibung.

 der B ___ m

 das ___ s

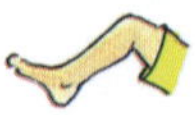 das B ___ n

 die Fr ___

 das ___ to

 das Schw ___ n

 die ___ le

 das Flugz ___ g

 das F ___ er

 die M ___ er

# Aus A/a wird Ä/ä

**1** Aus **A/a** wird **Ä/ä**. Verbinde die Begriffe, die zusammengehören, und ergänze die fehlenden Buchstaben.

| | | |
|---|---|---|
|  | ein A pfel | viele Bl___tter |
|  | ein Schr___nk | viele B___lle |
|  | ein Bl___tt | viele Ä pfel |
|  | ein R___d | viele N___gel |
|  | ein B___ll | viele Schr___nke |
|  | ein Z___hn | viele R___der |
|  | ein N___gel | viele Z___hne |

# Aus Au/au wird Äu/äu

**1** Ergänze **Au/au** oder **Äu/äu**.

Heute Nacht hatte ich einen lustigen Tr_au_m.

Ich tr_äu_mte, dass wir mit einer Rakete zum

Mond flogen. 

Lisa schaut mit großen ____gen ihre neue Puppe an. 

Die Puppe kann ihre ____glein öffnen und schließen.

Nach dem Essen streichen sich alle über ihre B____che.

Papa hat den dicksten B____ch. 

Beim Sportfest gibt es viele L____fer. Jens kann am

schnellsten l____fen.

Mama sch____mt die Milch auf.

Den Sch____m mag Annina am liebsten.

# Aus Au/au wird Äu/äu

**2** Schreibe die verwandten Wörter aus Aufgabe 1 auf.
Kreise alle **Au/au** und **Äu/äu** ein.

| Au/au | Äu/äu |
| --- | --- |
| Traum | träumte |
| | |
| | |
| | |
| | |

**3** Schreibe die Wörter in der Mehrzahl auf.

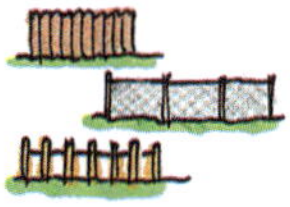 der Zaun – viele

 der Strauch – viele

 die Laus – viele

 der Raum – viele

 der Schlauch – viele

 die Braut – viele

# Lange und kurze Selbstlaute hören

**1** Ist der Selbstlaut (Vokal) kurz oder lang?
Markiere lange Selbstlaute mit einem –.
Markiere kurze Selbstlaute mit einem •.

Tasse Nase Wanne Pudel
Bett Kanne Besen Boden
Kissen Fluss Blume Glas

**2** Schreibe die Wörter aus Aufgabe 1 in das richtige Haus.

# Wörter mit Dehnungs-h

**1** Trage die Wörter mit Dehnungs-**h** in das Rätselgitter ein.
Wie heißt das Lösungswort?

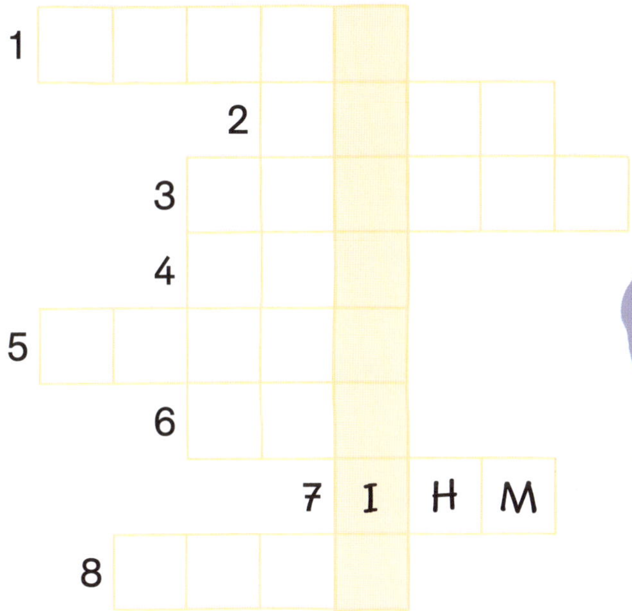

1 Auf diesem Möbelstück kannst du sitzen.

2 Diese Zahl kommt vor elf.

3 Mit diesem Werkzeug machst du Löcher in die Wände.

4 Mit diesem Körperteil kannst du hören.

5 Du hast sie im Mund und zerkleinerst damit das Essen.

6 Sie zeigt dir, wie spät es ist.

7 Das ist Tims Buch. Gibst du es ...?

8 Dieses Tier legt Eier und gackert.

# Wörter mit ie

**1** Schreibe die Wörter mit dem Artikel auf. Achte auf das **ie**.

 die Biene

# Wörter mit ie

**2** Schreibe die Wörter in die richtigen Kästchen.

~~Tiere~~ Zwiebel Schiene Radierer Lied Knie spielen viel Wiese

T i e r e

# Wörter mit aa, ee, oo

**1** Lies die Fantasiegeschichte. Setze die Wörter in die Lücken ein. Kreise alle **Aa**, **aa**, **ee** oder **oo** ein.

Boot Beeren See Beeren Waage Haar ~~Fee~~ Aal Moos See

Im Wald lebt Fiffi, die ___Fee___, an einem schönen __________ mit hellblauem Wasser. Jeden Morgen wacht sie auf weichem, grünem __________ auf, wenn der erste Sonnenstrahl ihre Nase kitzelt. Sie kämmt sich das __________ und frühstückt einige leckere __________. Später sammelt sie noch mehr __________ und stellt sie auf die __________. Fiffi liebt es, mit ihrem __________ über den __________ zu fahren. Manchmal kann sie auch Fische sehen. Besonders den langen __________ beobachtet sie gerne im glitzernden Wasser.

# Wörter mit doppelten Mitlauten

**1** Ergänze in dem Text die fehlenden doppelten Mitlaute (Konsonanten).

Der Zoodirektor fährt am Mi t t wochmorgen zu seiner Arbeit in den Zoo. Als er anko___t, traut er seinen Augen nicht. A___e Schlö___er an den Gi___ern sind o___en. Was er da a___es beobachten ka___:

Der Wi___er spielt Fußba___.

Der Elefant fri___t eine do___elte Portion Po___es.

Das Lama re___t mit dem La___ um die We___e und die Kla___erschlange kriecht auf den So___enschirm.

„Wie ko___te das nur pa___ieren?“, fragt sich der Zoodirektor. Da entdeckt er Aluis, den A___en, der lachend auf dem Bru___en sitzt.

Er hält die Schlü___el in seiner Hand.

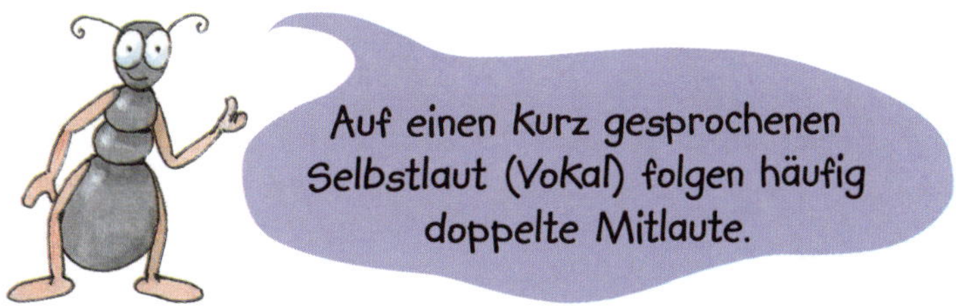

Auf die Plätze, fertig, kleben! Hier geht es los.
Hurra, jetzt bist du fit!

# Fit für...
# Rechtschreibung

## Mein Übungsheft

**2. Klasse**

Lösungsheft

# Lösungen:

## Seite 4

1 Tuch – Buch, Zopf – Topf, Schuh – Kuh, Kuss – Nuss, Wand – Hand

2 ringen, winken, toben, messen, knallen, stehen

## Seite 5

1 der Bus, die Oma, der Dino, die Rakete, die Wolke, die Hose, der Esel, die Lampe

## Seite 6

2 Ein **Kamel** und eine **Maus** fahren mit dem **Auto** an den Strand. Beim Baden treffen sie ihren Freund, den **Wal**. Der **Wal** würde so gerne das **Haus** sehen, in dem seine beiden Freunde leben.
Da haben die drei eine verrückte Idee. Am nächsten Tag kommen die **Maus** und das **Kamel** mit einem **Bus** angefahren. Den haben sie mit Wasser gefüllt. Die **Maus** sitzt auf dem Dach und das **Kamel** schaut aus dem Fenster heraus.
So kann der **Wal** einsteigen und gemeinsam fahren sie los, um dem **Wal** ihr **Haus** zu zeigen.

## Seite 7

1
 zehn
 fünf
 zwei
 eins
 drei
 vier
 neun
 acht
 sechs
 sieben

## Seite 8

2 elf – 11, fünfzehn – 15, vierzehn – 14, zwanzig – 20, achtzehn – 18, neunzehn – 19, sechzehn – 16, dreizehn – 13, zwölf – 12, siebzehn – 17

3 zwanzig, zwölf, achtzehn, elf, fünfzehn

## Seite 9

1 eine Silbe: Sand, Meer, Boot, Ball, Kind
zwei Silben: Palme, Sonne, Eimer, Muschel, Schaufel
drei Silben: Federball, Gewitter, Liegestuhl, Schwimmreifen, Meerjungfrau

## Seite 10

2 Rucksack, Malkasten, Brief, Schaukel, Papagei, Zahn, Ampel, Brille, Heft, Fledermaus

## Seite 11

1 **Qu**alle, **qu**er, **Qu**elle, **Qu**alm, **Qu**artett, **qu**ietschen, **qu**etschen, **qu**aken, **Qu**ark, **Qu**atsch, **Qu**iz, **Qu**adrat, **qu**ieken

## Seite 12

2 Die Frösche sitzen am See und **quaken** die ganze Nacht.
Bevor sie zu einem Frosch werden, leben sie unter Wasser als **Kaulquappen**.
Der Angler am See macht es sich in einem Campingstuhl **bequem**.
Opas Lieblingsessen sind Kartoffeln mit **Quark**.
Aus einer **Quelle** fließt Wasser in einen kleinen Bach.
Vom Lagerfeuer steigt dunkler **Qualm** auf.

## Seite 13

1

| V | S | Q | V | U | L | K | A | N | H | V |
|---|---|---|---|---|---|---|---|---|---|---|
| I | W | A | V | A | T | E | R | M | U | I |
| E | V | A | M | P | I | R | V | I | E | L |
| R | V | O | L | L | V | O | G | E | L | L |
| V | E | N | T | I | L | V | E | R | B | A |

2 (w) Vulkan, Vampir, Verb, Ventil, Villa
(f) 4 vier, Vater, viel, Vogel, voll

## Seite 14

1 Apfel, Topf, Knopf, Pfütze, Pfeil, Pfanne, Seepferdchen, hüpfen

## Seite 15

1 Spirale, spazieren, Spielzeug, Hochsprung, Sprungbrett, Anspitzer

## Seite 16

1 Stuhl, Stift, Stern, Stein, Storch, Stiefel

## Seite 17

1 

2 

## Seite 18

3 su**ch**en, si**ng**en, bri**ng**en, Na**ch**t, Bu**ch**, Ju**ng**e, ma**ch**en, la**ng**, ju**ng**, Lo**ch**, Dra**ch**en, Za**ng**e

4 Mögliche Beispielsätze sind:
Der **Schmetterling** flattert von Blüte zu Blüte.
Das **Buch** ist spannend.
Der **Kuchen** schmeckt lecker.

## Seite 19

1 ein Hu**t** – zwei Hü**t**e, ein Boo**t** – drei Boo**t**e, ein Kin**d** – zwei Kin**d**er, eine Han**d** – zwei Hän**d**e, ein Hun**d** – drei Hun**d**e, ein Klei**d** – zwei Klei**d**er, ein Hef**t** – drei Hef**t**e

## Seite 20

1 die Bän**k**e – die Ban**k**, die Köni**g**e – der Köni**g**, die Schrän**k**e – der Schran**k**, die Flugzeu**g**e – das Flugzeu**g**, die Zü**g**e – der Zu**g**, die Geschen**k**e – das Geschen**k**, die Ber**g**e – der Ber**g**

## Seite 21

1 Der Bauer Müller geht heute schon früh in die Scheune. Dort holt er eine Säge und ein Beil, denn er möchte zwei Bäume fällen. Aus dem Holz will er fünf Stühle bauen. Etwas traurig erreicht er mit dem Werkzeug die Bäume. Dort sieht er, dass seine Hängematte noch zwischen den Bäumen hängt. Da beschließt er, sie stehen zu lassen. Er bereitet lieber ein Picknick vor, denn dafür benötigt man ja keine Stühle. Die Bäuerin freut sich sehr und lacht über seine Idee.

## Seite 22

2 die S**ä**ge, der B**ä**r, der Kleiderb**ü**gel, die T**ü**rme, der F**ö**hn, die B**ü**cher, der Schl**ü**s-sel, der L**ö**we

3 der B**au**m, das Schw**ei**n, das **Ei**s, die **Eu**le, das B**ei**n, das Flugz**eu**g, die Fr**au**, das F**eu**er, das **Au**to, die M**au**er

## Seite 23

1 ein **A**pfel – viele **Ä**pfel, ein Schr**a**nk – viele Schr**ä**nke, ein Bl**a**tt – viele Bl**ä**tter, ein R**a**d – viele R**ä**der, ein B**a**ll – viele B**ä**lle, ein Z**a**hn – viele Z**ä**hne, ein N**a**gel – viele N**ä**gel

## Seite 24

1 Heute Nacht hatte ich einen lustigen Tr**au**m. Ich tr**äu**mte, dass wir mit einer Rakete zum Mond flogen.
Lisa schaut mit großen **Au**gen ihre neue Puppe an. Die Puppe kann ihre **Äu**glein öffnen und schließen.
Nach dem Essen streichen sich alle über ihre B**äu**che. Papa hat den dicksten B**au**ch.
Beim Sportfest gibt es viele L**äu**fer. Jens kann am schnellsten l**au**fen.
Mama sch**äu**mt die Milch auf. Den Sch**au**m mag Annina am liebsten.

## Seite 25

2 Tr**au**m – tr**äu**mte, **Au**gen – **Äu**glein, B**au**ch – B**äu**che, l**au**fen – L**äu**fer, Sch**au**m – sch**äu**mte

3 der Zaun – viele Zäune, der Strauch – viele Sträucher, die Laus – viele Läuse, der Raum – viele Räume, der Schlauch – viele Schläuche, die Braut – viele Bräute

## Seite 26

1 Tasse, Nase, Wanne, Pudel, Bett, Kanne, Besen, Boden, Kissen, Fluss, Blume, Glas

2

| kurzer Selbstlaut • | langer Selbstlaut — |
|---|---|
| Tasse | Nase |
| Wanne | Pudel |
| Bett | Besen |
| Kanne | Boden |
| Kissen | Blume |
| Fluss | Glas |

## Seite 27

1

| | | | | | | | | |
|---|---|---|---|---|---|---|---|---|
| 1 | S | T | U | H | L | | | |
| | | | 2 | Z | E | H | N | |
| | | 3 | B | O | H | R | E | R |
| | | 4 | O | H | R | | | |
| 5 | Z | Ä | H | N | E | | | |
| | | 6 | U | H | R | | | |
| | | | | 7 | I | H | M | |
| | 8 | H | U | H | N | | | |

## Seite 28

1 die Biene, der Spiegel, die Wiege, die Fliege, der Stiefel, die Vier, das Klavier, der Brief, die Ziege

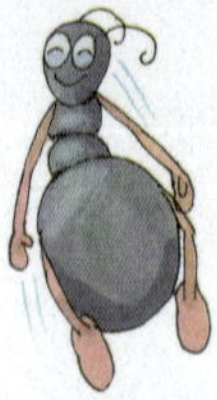

# Mein Übungsheft

Jedes Heft: € [D] 8,00 / € [A] 8,30

ISBN 978-3-7886-2481-1

ISBN: 978-3-7886-2439-2

ISBN: 978-3-7886-2500-9

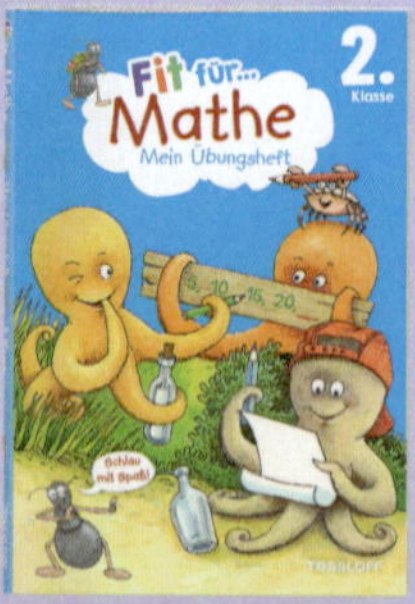


ISBN: 978-3-7886-2485-9

ISBN: 978-3-7886-2457-6

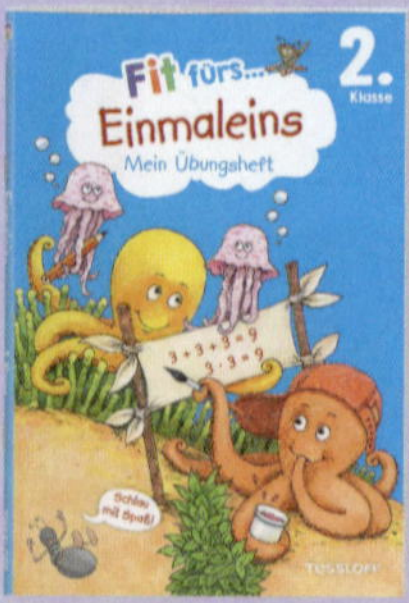


ISBN: 978-3-7886-2458-3

ISBN: 978-3-7886-2501-6

ISBN 978-3-7886-2482-8

ISBN 978-3-7886-2442-2

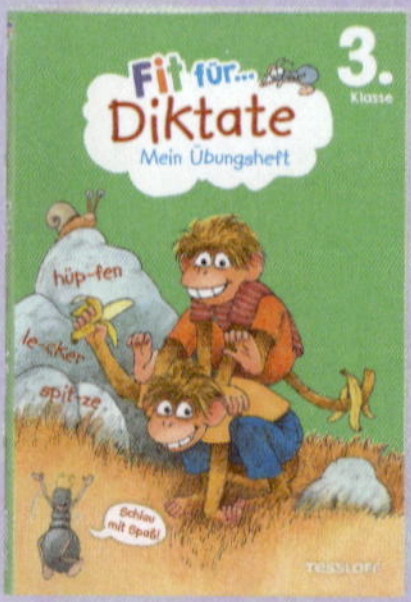


ISBN 978-3-7886-2476-7

ISBN 978-3-7886-2486-6

ISBN 978-3-7886-2478-1

ISBN 978-3-7886-2483-5

ISBN 978-3-7886-2477-4

ISBN 978-3-7886-2487-3

ISBN: 978-3-7886-2479-8

## Seite 29

2 Tiere Zwiebel

Radierer Wiese

Knie Schiene

Lied viel

spielen

## Seite 30

1 Im Wald lebt Fiffi, die Fee, an einem schönen See mit hellblauem Wasser. Jeden Morgen wacht sie auf weichem, grünem Moos auf, wenn der erste Sonnenstrahl ihre Nase kitzelt. Sie kämmt sich das Haar und frühstückt einige leckere Beeren. Später sammelt sie noch mehr Beeren und stellt sie auf die Waage. Fiffi liebt es, mit ihrem Boot über den See zu fahren. Manchmal kann sie auch Fische sehen. Besonders den langen Aal beobachtet sie gerne im glitzernden Wasser.

## Seite 31

1 Der Zoodirektor fährt am Mi**tt**wochmorgen zu seiner Arbeit in den Zoo. Als er anko**mm**t, traut er seinen Augen nicht. A**ll**e Schlö**ss**er an den Gi**tt**ern sind o**ff**en. Was er da a**ll**es beobachten ka**nn**: Der Wi**dd**er spielt Fußba**ll**. Der Elefant fri**ss**t eine do**pp**elte Portion Po**mm**es. Das Lama re**nn**t mit dem La**mm** um die We**tt**e und die Kla**pp**erschlange kriecht auf den So**nn**enschirm. „Wie ko**nn**te das nur pa**ss**ieren?", fragt sich der Zoodirektor. Da entdeckt er Aluis, den A**ff**en, der lachend auf dem Bru**nn**en sitzt. Er hält die Schlü**ss**el in seiner Hand.

## Seite 34

1 blitzen, Satz, spitz, Katze, flitzen, Netz, Mütze

## Seite 35

2 Die **Tatze** des Hundes ist **schmutzig**. Der **Spatz** sitzt auf Opas Hand. Tabea und Paul **putzen** den Roller. Lotta erzählt Käthe einen lustigen **Witz**. Bist du **kitzelig**? Wir **schwitzen** bei großer **Hitze**.

3 schmatzen, besitzen, zuletzt, kitzeln, nutzen, erhitzen, Satz, Platz, Glatze, Schutz

## Seite 36

1/2 dick, Versteck, backen, Fackel, Frühstück, Zucker, Ecke, Stecker, Dackel, Schnecke

## Seite 37

1 

2 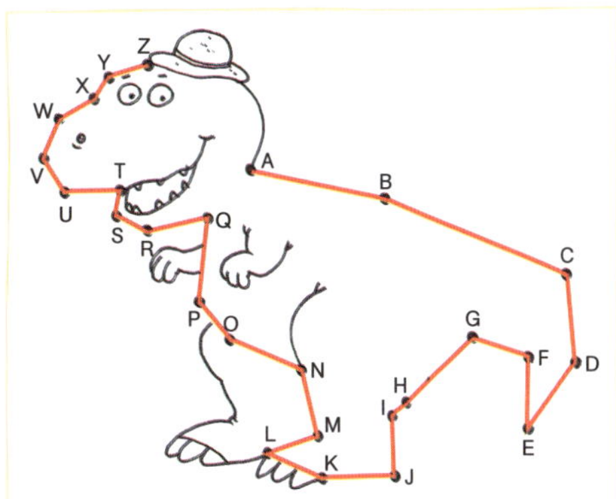

## Seite 38

1 B C D E H I J K L

O P Q R S V W X Y

## Seite 39

1 1. Aaron, 2. Carlo, 3. Elena, 4. Frida, 5. Greta, 6. Milla, 7. Ramona, 8. Selma, 9. Tarek, 10. Yannik

## Seite 40

2 1: Hausschuhe, 2: Hemd, 3: Hose; 4: Hut
1: lachen, 2: lesen, 3: lieben, 4: lutschen
1: rau, 2: rechteckig, 3: rot, 4: rund
1: Karotten, 2: Kirschen, 3: Knoblauch, 4: Kuchen

## Seite 41

1/2 Nashorn, Moos, Stuhl, Onkel, Tisch, Mädchen, Frosch, Tanne

## Seite 42

1 Rüssel – Schlüssel, Segel – Kegel, Butter – Futter, Schnabel – Kabel, Keller – Teller, Leiter – Reiter, Finger – Springer, Mauer – Bauer, Insel – Pinsel, Nagel – Hagel

## Seite 43

2 der Gürtel, der Igel, der Hammer, der Spiegel, der Tiger, der Vogel, der Ordner, der Anspitzer, der Käfer

## Seite 44

1 der: der Ball, der Traktor
die: die Mütze, die Maus
das: das Fahrrad, das Pferd

2 ein: ein Ball, ein Traktor, ein Fahrrad, ein Pferd
eine: eine Mütze, eine Maus

## Seite 45

3 der: der Garten, der Koffer, der Nebel
die: die Hose, die Welle, die Schere
das: das Schiff, das Kind, das Nest, das Huhn

4 ein Baum, eine Gitarre, eine Hose, ein Brot, ein Nashorn, eine Ameise

## Seite 46

1 ein Springseil – viele Springseile, eine Puppe – viele Puppen, ein Flugzeug – viele Flugzeuge, eine Murmel – viele Murmeln, eine Trommel – viele Trommeln, eine Schaufel – viele Schaufeln, ein Auto – viele Autos, ein Helm – viele Helme

## Seite 47

2 das Auto – die Autos, der Delfin – die Delfine, das Nest – die Nester, der Daumen – die Daumen, die Nacht – die Nächte, die Burg – die Burgen

3 ein Affe, viele Affen, ein Apfel, viele Äpfel

## Seite 48

1 Regenwolke, Regentonne, Regenschauer, Regentropfen, Regenwald
Wasserfarbe, Wasserball, Wasserfall, Wasserschlauch, Wasserglas

## Seite 49

2 der Taucher + die Brille, der Fuß + der Ball, der Regen + der Bogen, der Spiegel + das Ei, die Sonne + die Brille, das Eis + der Bär, der Ritter + die Burg, die Hand + der Schuh, der Apfel + der Baum, der Löwe + der Zahn, das Ohr + der Ring

## Seite 50

1
Justus töpfert eine Vase.
Elif malt mit Wasserfarbe.
Leonie wirft einen roten Ball zu Emma.
Ich bastle mit Milla Laternen.
Du trinkst eine heiße Schokolade.
Enja backt einen Erdbeerkuchen.
Ihr singt mit der Klasse 2b im Chor.

basteln
backen
töpfern
singen
malen
werfen
trinken

## Seite 51

1 Heute **machen** wir einen Ausflug auf den Bauernhof.
Dort **leben** viele Menschen und Tiere.
Bauer Paul **reitet** auf seinem Pferd übers Feld.
Die Kinder **verstecken** sich im Stroh.
Ich **fege** den Hühnerstall.
Albert **füttert** die Kühe.
Bei der Ernte **arbeiten** viele Menschen mit.
Der Hund **bellt** laut, doch die Katze **schläft** friedlich auf der Fensterbank.

## Seite 52

2 schreiben: ich schreibe, du schreibst, er schreibt, wir schreiben, ihr schreibt, die Kinder schreiben
hüpfen: ich hüpfe, du hüpfst, er hüpft, wir hüpfen, ihr hüpft, die Kinder hüpfen

3 Luise **schwimmt** im See.
Opa, **kannst** du mit den Ohren wackeln?
Herr Aslan und seine Familie **machen** Urlaub.

## Seite 53

1 an-: anmalen, anziehen, anschnallen, ansehen
auf-: aufdecken, aufatmen, aufsteigen, aufholen

## Seite 54

1 vor-: vorsagen, vorlesen, vorstellen, vorgehen
ver-: verschenken, verkaufen, verlassen, verrechnen

## Seite 55

1 weg-: wegstellen, wegnehmen, weglassen, weggehen
ent-: entdecken, entlaufen, entscheiden, entladen

## Seite 56

1 der **helle** Stern, das **grüne** Blatt, die **langsame** Schnecke, die **leichte** Feder, der **stachelige** Igel, das **gelbe** Haus, der **spitze** Pfeil, das **schnelle** Auto

## Seite 57

1 schön – schöner – am schönsten, arm – ärmer – am ärmsten, nett – netter – am nettesten, schnell – schneller – am schnellsten, groß – größer – am größten, witzig – witziger – am witzigsten

2 nah – näher – am nächsten, gern – lieber – am liebsten, viel – mehr – am meisten

## Seite 58

3 Ich finde Äpfel **lecker**. Malte findet Birnen **leckerer**. Mama findet Bananen **am leckersten.**
Vera ist **groß**. Mathilda ist **größer**. Angela ist **am größten**.
Rosen duften **gut**. Nelken duften **besser**. Narzissen duften **am besten**.

## Seite 59

1 knochenhart, blütenrein, blitzsauber, hundemüde, messerscharf, strohdumm, glasklar, federleicht, steinalt, kerzengerade

## Seite 61

1 So setzt du die Fragewörter richtig ein:
**Wie** heißt du? **Wann** hast du Geburtstag? **Wo** wohnst du? **Wer** sitzt in der Schule neben dir? **Welche** Tiere magst du gern?

## Seite 62

2 Ein Elefant, ein Pelikan und eine Maus treffen sich auf einem Hügel, um gemeinsam zu spielen. Doch welches Spiel könnten sie spielen? Der Elefant hat eine Idee: „Der Lauteste gewinnt." Und schon trötet er los. Der Pelikan hält sich die Ohren zu und sagt: „Wer soll das denn aushalten? Sei bitte still!" Der Pelikan hat eine bessere Idee: „Wer länger auf einem Bein stehen kann, der gewinnt." Die Maus kippt immer zur Seite, wenn sie ihre drei Beine hochhebt. Davon wird sie ganz müde. „Wartet bitte einen Moment!", piepst die Maus. Welches Spiel die Maus wohl vorschlagen könnte? „Wer am längsten die Augen geschlossen halten kann, der gewinnt." Als die Maus am nächsten Tag alleine auf dem Hügel aufwacht, ruft sie: „Hurra, ich habe gewonnen!"

## Seite 63

1 Adjektive beim Buchstaben **H**:
heiß – heißer – am heißesten,
hell – heller – am hellsten
Nomen mit dem Buchstaben **G**:
das Geld, das Gemüse, das Gesicht
Verben beim Buchstaben **H**:
haben, halten, hören

## Seite 64

1 Paul **geht** mit seiner Schwester Clara auf den **Jahrmarkt**. Zuerst kaufen sie sich leckere **Zuckerwatte**. Dann überredet Paul seine Schwester, Karten für die **Geisterbahn** zu kaufen. Sie steigen in einen Wagen und **fahren** hinein. Es ist dunkel und Clara **fürchtet** sich ein bisschen. Nach einer **Kurve** steht plötzlich ein **Gespenst** vor ihnen. Clara **erschrickt** und schreit laut auf. Da muss Paul lachen: „Das war doch gar nicht schlimm! Wenn ich **groß** bin, will ich auch ein Gespenst werden!"

# Wörter mit tz

**1** Erkennst du die Wörter? Schreibe sie auf.

blitzen

Satz

spitz

Katze

flitzen

Netz

Mütze

# Wörter mit tz

**2** Erkennst du die Wörter? Trenne sie mit Strichen ab und schreibe sie in die passende Lücke.

schwitzenWitzkitzeligHitzeschmutzigTatzeputzenSpatz

Die ______________ des Hundes ist ______________.

Der ______________ sitzt auf Opas Hand.

Tabea und Paul ______________ den Roller.

Lotta erzählt Käthe einen lustigen ______________.

Bist du ______________?

Wir ______________ bei großer ______________.

**3** Kreise überall **tz** ein.

schmatzen erhitzen Platz kitzeln besitzen Glatze zuletzt nutzen Satz Schutz

# Wörter mit ck

**1** Finde alle Wörter mit **ck** und kreise sie ein.

dick kochen Kinder Fackel kalt

Klasse Versteck Ecke

Kopf liegen Schnecke Frühstück

markieren Zucker Dackel knurren

Tag stark Kristine einkaufen

Stecker Insekten Baustelle backen

**2** Schreibe die eingekreisten Wörter aus Aufgabe 1 auf und kreise alle **ck** ein.

# Das Alphabet üben

**1** Ergänze die Buchstaben und vervollständige das Alphabet.

**2** Verbinde die Buchstaben mit Strichen. Beginne bei A und ende bei Z. Welches Tier ergibt sich?

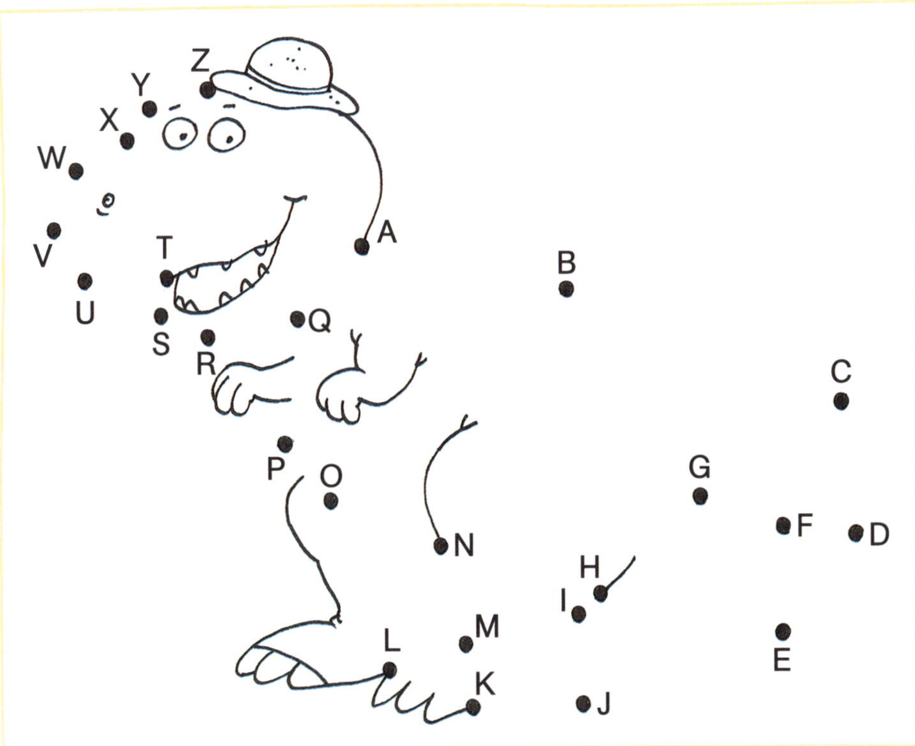

# Das Alphabet üben

**3** Zu welchem Farbeimer gehören die Buchstaben?
Male die Kleckse in der richtigen Farbe an.

**A** bis **F**

**G** bis **M**

**N** bis **T**

**U** bis **Z**

P D I Y

J S Q

V L C

O K W

X H

E

R B

# Nach dem Alphabet ordnen

**1** Ordne die Namen nach dem Abc.
Schreibe sie auf.

| | | | |
|---|---|---|---|
| Milla | Frida | Aaron | Greta |
| Ramona | Carlo | Yannik | |
| Elena | Selma | Tarek | |

1. ____________ 6. ____________

2. ____________ 7. ____________

3. ____________ 8. ____________

4. ____________ 9. ____________

5. ____________ 10. ____________

# Nach dem Alphabet ordnen

**2** Ordne die Wörter nach dem Alphabet. Schreibe dafür die Zahlen 1 bis 4 in die Felder.

☐ Hose
☐ Hut
☐ Hemd
☐ Hausschuhe

☐ lesen
☐ lachen
☐ lieben
☐ lutschen

☐ rund
☐ rot
☐ rau
☐ rechteckig

☐ Kirschen
☐ Karotten
☐ Kuchen
☐ Knoblauch

# Nomen erkennen

**1** Erkennst du die Nomen (Namenwörter)? Trenne sie mit Strichen und schreibe sie auf.

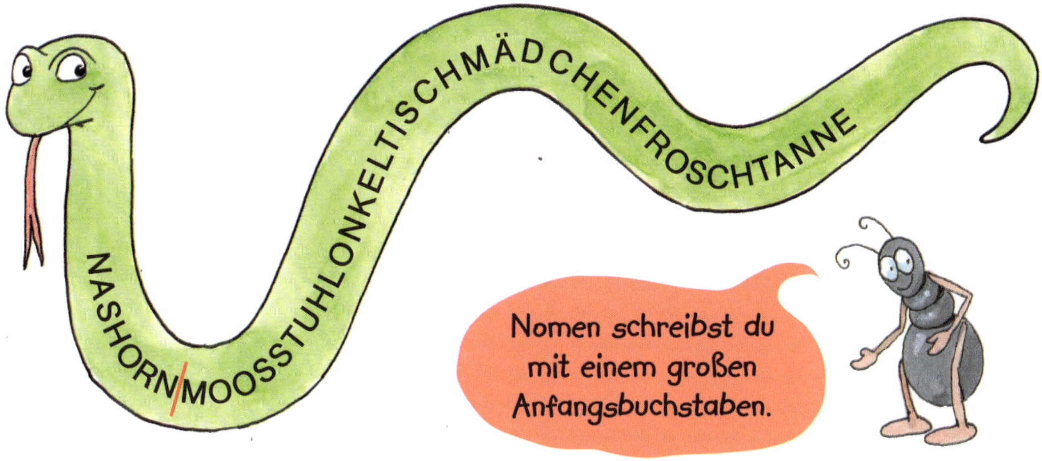


Nashorn

**2** Nomen bezeichnen Tiere, Pflanzen, Dinge oder Personen. Unterstreiche die Wörter in Aufgabe 1 mit der passenden Farbe.

- Tiere
- Pflanzen
- Dinge
- Personen

# Nomen mit -el oder -er

**1** Finde die Reimwörter und schreibe sie auf. Kreise die Endungen **-el** oder **-er** ein.

| Rüssel | Segel |
|---|---|
| Schl______ | K______ |

| Butter | Schnabel |
|---|---|
| F______ | K______ |

| Keller | Leiter |
|---|---|
| T______ | R______ |

| Finger | Mauer |
|---|---|
| Spr______ | B______ |

| Insel | Nagel |
|---|---|
| P______ | H______ |

# Nomen mit -el oder -er

**2** Schreibe die Wörter mit Artikel auf. Denke an die Endungen **-el** und **-er**. Kreise sie ein.

 der

# Bestimmter und unbestimmter Artikel

**1** Ordne die Nomen (Namenwörter) den passenden bestimmten Artikeln (Begleitern) zu.

~~Ball~~ Fahrrad Traktor Maus Pferd Mütze

der: der Ball

die:

das:

**2** Ordne die Nomen den passenden unbestimmten Artikeln zu.

ein: ein Ball

eine:

# Bestimmter und unbestimmter Artikel

**3** Verbinde die Nomen mit dem richtigen Artikel.

Schere

Garten

Schiff

Huhn

Kind

der

die

das

Welle

Hose

Nest

Nebel

Koffer

**4** Schreibe die Nomen mit ihrem unbestimmten Artikel **ein** oder **eine** auf.

# Einzahl und Mehrzahl

**1** Schreibe die Nomen (Namenwörter) in der Einzahl und in der Mehrzahl auf.

| **Einzahl:** | | **Mehrzahl:** |
|---|---|---|
|  | ein Springseil | viele Springseile |
|  | | viele |
|  | | viele |
|  | | viele |
|  | | viele |
|  | | viele |
|  | | viele |
|  | | viele |

# Einzahl und Mehrzahl

**2** Verbinde Einzahl und Mehrzahl.

| **Einzahl:** | **Mehrzahl:** |
| --- | --- |
| das Auto | die Nächte |
| der Delfin | die Nester |
| das Nest | die Burgen |
| der Daumen | die Autos |
| die Nacht | die Daumen |
| die Burg | die Delfine |

**3** Ergänze die Einzahl und Mehrzahl.

ein

viele

ein

viele

# Zusammengesetzte Nomen

**1** Bilde zusammengesetzte Nomen. Schreibe sie auf.

| Regen | Wasser |
|---|---|
| ~~Wolke~~, Tonne, Schauer, Tropfen, Wald | Farbe, Ball, Fall, Schlauch, Glas |

Regenwolke

# Zusammengesetzte Nomen

**2** Aus welchen zwei Nomen besteht das Wort?
Schreibe sie mit ihren Artikeln (Begleitern) auf.

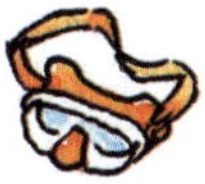 der Taucher + die Brille

 ________ + ________

 ________ + ________

 ________ + ________

 ________ + ________

 ________ + ________

 ________ + ________

 ________ + ________

 ________ + ________

 ________ + ________

 ________ + ________

# Verben

**1** Finde zu jedem Satz das passende Verb (Tunwort) in der Grundform. Kreise die Verben in den Sätzen ein.

|  |  |
| --- | --- |
| Justus töpfert eine Vase. | basteln |
| Elif malt mit Wasserfarbe. | backen |
| Leonie wirft einen roten Ball zu Emma. | töpfern |
| Ich bastle mit Milla Laternen. | singen |
| Du trinkst eine heiße Schokolade. | malen |
| Enja backt einen Erdbeerkuchen. | werfen |
| Ihr singt mit der Klasse 2b im Chor. | trinken |

# Verben verändern sich

**1** Ergänze die passenden Verben (Tunwörter) in der richtigen Form.

~~machen~~ arbeiten füttern leben bellen schlafen reiten verstecken fegen

Heute machen wir einen Ausflug auf den Bauernhof.

Dort __________ viele Menschen und Tiere.

Bauer Paul __________ auf seinem Pferd übers Feld.

Die Kinder __________ sich im Stroh.

Ich __________ den Hühnerstall.

Albert __________ die Kühe.

Bei der Ernte __________ viele Menschen mit.

Der Hund __________ laut, doch die Katze

__________ friedlich auf der Fensterbank.

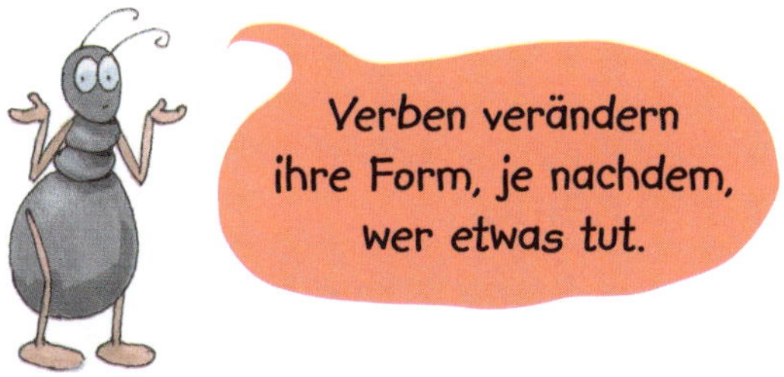

# Verben verändern sich

**2** Schreibe die Verben in der richtigen Form auf.

| | schreiben | hüpfen |
|---|---|---|
| ich | | |
| du | | |
| er | | |
| wir | | |
| ihr | | |
| die Kinder | | |

**3** Trage die Verben in der richtigen Form ein.

schwimmen: Luise ______ im See.

können: Opa, ______ du mit den Ohren wackeln?

machen: Herr Aslan und seine Familie ______ Urlaub.

# Verben mit an- und auf-

**1** Bilde mit den Vorsilben **an-** und **auf-** neue Wörter. Schreibe sie auf.

| ~~malen~~ | ziehen | decken | atmen |
|---|---|---|---|
| an- | | auf- | |
| schnallen | sehen | steigen | holen |

anmalen

# Verben mit vor- und ver-

**1** Bilde mit den Vorsilben **vor-** und **ver-** neue Wörter. Schreibe sie auf.

| sagen | lesen | schenken | kaufen |
|---|---|---|---|
| vor- | | ver- | |
| stellen | gehen | lassen | rechnen |

# Verben mit weg- und ent-

**1** Bilde mit den Vorsilben **weg-** und **ent-** neue Wörter.
Schreibe sie auf.

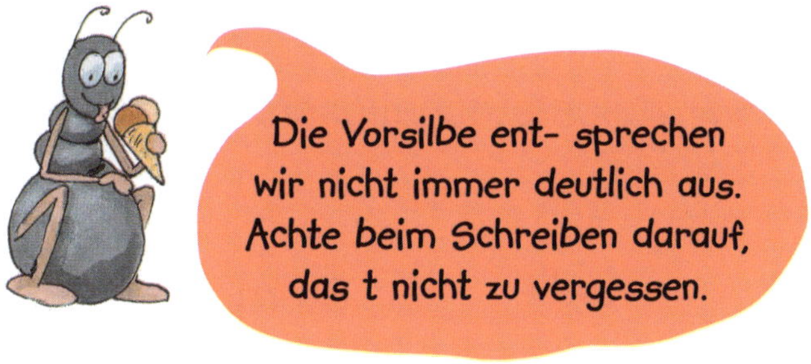


| stellen | nehmen | | decken | laufen |
|---|---|---|---|---|
| | weg- | | ent- | |
| lassen | gehen | | scheiden | laden |

# Adjektive verändern sich

**1** Trenne die Adjektive (Wiewörter) mit Strichen und schreibe sie in die Lücken. Achte auf die passende Form.

~~hell~~gelbspitzleichtstacheligschnellgrünlangsam

 der ____helle____ Stern

 das ____________ Blatt

 die ____________ Schnecke

 die ____________ Feder

 der ____________ Igel

 das ____________ Haus

 der ____________ Pfeil

 das ____________ Auto

# Adjektive steigern

**1** Verbinde die Steigerungsstufen, die zusammengehören.

| | | |
|---|---|---|
| schön | witziger | am ärmsten |
| arm | schneller | am schönsten |
| nett | schöner | am schnellsten |
| schnell | netter | am größten |
| groß | ärmer | am witzigsten |
| witzig | größer | am nettesten |

**2** Verbinde auch diese Steigerungsformen.

| | | |
|---|---|---|
| nah | mehr | am liebsten |
| gern | näher | am meisten |
| viel | lieber | am nächsten |

# Adjektive steigern

**3** Ergänze die fehlenden Steigerungsstufen.

Ich finde Äpfel lecker.

Malte findet Birnen leckerer ______________________.

Mama findet Bananen am ______________________.

Vera ist groß.

Mathilda ist ______________________.

Angela ist ______________________.

Rosen duften gut.

Nelken duften ______________________.

Narzissen duften ______________________.

# Zusammengesetzte Adjektive

**1** Bilde neue Adjektive und schreibe sie auf.

| | | | | |
|---|---|---|---|---|
| der Knochen | + | hart | = | Knochenhart |
| die Blüten | + | rein | = | |
| der Blitz | + | sauber | = | |
| die Hunde | + | müde | = | |
| das Messer | + | scharf | = | |
| das Stroh | + | dumm | = | |
| das Glas | + | klar | = | |
| die Feder | + | leicht | = | |
| der Stein | + | alt | = | |
| die Kerzen | + | gerade | = | |

# Sätze bilden

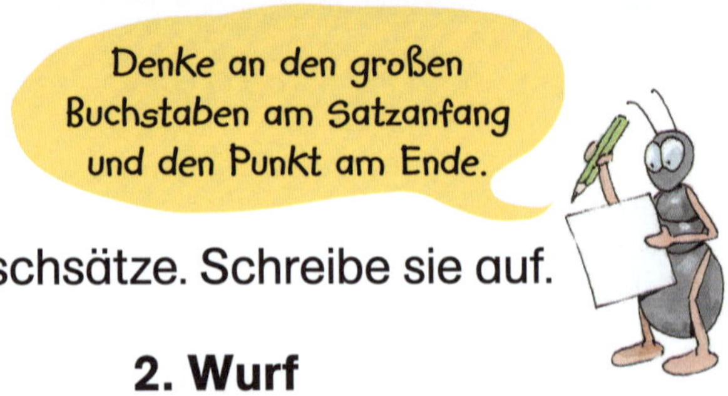


**1** Erwürfle dir lustige Quatschsätze. Schreibe sie auf.

| | **1. Wurf** | | **2. Wurf** | |
|---|---|---|---|---|
| Der Astronaut |  | buddelt |  | auf dem Baum. |
| Die Schnecke |  | schläft |  | in der Badewanne. |
| Der Clown |  | singt |  | im Weltraum. |
| Leo Löwe |  | kocht |  | auf der Bergspitze. |
| Das Auto |  | springt |  | im Gemüsebeet. |
| Opa Paul |  | schaukelt |  | im Spielzelt. |

# Satzarten unterscheiden

**1** Erzähle etwas über dich. Ergänze die fehlenden Fragewörter und beantworte die Fragen in ganzen Sätzen.

| Wann? | Wo? | Welche? |
|---|---|---|
| ~~Wie?~~ | Wer? | |

Wie heißt du?

___

___ hast du Geburtstag?

___

___ wohnst du?

___

___ sitzt in der Schule neben dir?

___

___ Tiere magst du gern?

___

# Satzarten unterscheiden

**2** Ergänze die richtigen Satzzeichen ?, ! oder . .

Ein Elefant, ein Pelikan und eine Maus treffen sich auf einem Hügel, um gemeinsam zu spielen__ Doch welches Spiel könnten sie spielen__ Der Elefant hat eine Idee: „Der Lauteste gewinnt__“ Und schon trötet er los__ Der Pelikan hält sich die Ohren zu und sagt: „Wer soll das denn aushalten__ Sei bitte still__“ Der Pelikan hat eine bessere Idee: „Wer länger auf einem Bein stehen kann, der gewinnt__“ Die Maus kippt immer zur Seite, wenn sie ihre drei Beine hochhebt__ Davon wird sie ganz müde__ „Wartet bitte einen Moment__“, piepst die Maus__ Welches Spiel die Maus wohl vorschlagen könnte__ „Wer am längsten die Augen geschlossen halten kann, der gewinnt__“ Als die Maus am nächsten Tag alleine auf dem Hügel aufwacht, ruft sie: „Hurra, ich habe gewonnen__“

# Im Wörterbuch nachschlagen

**1**

**G**

**geben**, er gibt
**gehen**, er geht
**gelb**
das **Geld**, die Gelder
das **Gemüse**
das **Gesicht**, die Gesichter
**gestern**
**graben**, er gräbt
**groß**, größer, am größten
**grün**
**gut**, besser, am besten

**H**

das **Haar**, die Haare
**haben**, er hat
**halten**, er hält
die **Hand**, die Hände
das **Haus**, die Häuser
**heiß**, heißer, am heißesten
**hell**, heller, am hellsten
das **Hemd**, die Hemden
der **Herbst**
**hören**, er hört
**hundert**

Finde alle Adjektive (Wiewörter) beim Buchstaben **H** und schreibe sie mit ihren Steigerungsformen auf.

Welche Nomen (Namenwörter) findest du beim Buchstaben **G**? Schreibe sie in der Einzahl mit Artikel (Begleiter) auf.

Welche Verben (Tunwörter) findest du beim Buchstaben **H**? Schreibe sie in der Grundform auf.

# Richtig abschreiben

**1** Ergänze die fehlenden Wörter. Merke dir die schwierigen Stellen und schreibe die Wörter aus dem Gedächtnis auf. Kontrolliere, ob du alles richtig geschrieben hast.

~~geht~~ Jahrmarkt Gespenst
Kurve groß fahren Geisterbahn
erschrickt Zuckerwatte fürchtet

Paul geht mit seiner Schwester Clara auf den

____________. Zuerst kaufen sie sich leckere

____________. Dann überredet Paul seine

Schwester, Karten für die ____________

zu kaufen. Sie steigen in einen Wagen und

____________ hinein. Es ist dunkel und Clara

____________ sich ein bisschen. Nach einer

____________ steht plötzlich ein ____________

vor ihnen. Clara ____________ und schreit laut auf.

Da muss Paul lachen: „Das war doch gar nicht schlimm!

Wenn ich ____________ bin, will ich auch ein Gespenst werden!“